SCHMERZ LASS NACH
DU BIST GESEHEN!

SCHMERZ LASS NACH
DU DARFST JETZT GEHEN!

LUKAS GEIGER

SCHMERZ LASS NACH

GEDICHTE

HERSTELLUNG UND VERLAG: BOD –
BOOKS ON DEMAND, NORDERSTEDT

ISBN 978-3-7481-9390-6

UNBEWUSST 1

BETTLAKEN 4

BILDER SIEGEN ÜBER MICH 6

DIE WELTENENTE 8

HEUL DOCH 10

DAS VERRÜCKTE LABYRINTH 12

KNOTEN 19

DER KLEINE PRINZ 23

TEE 26

DIE WEIßE WAND 31

PINOCCHIO 35

AUFERSTEHUNG 39

STERNENSEUFZER 47

TRÄNEN 49

Dilettantismus ist der Beginn des Faschismus der Dummen, die nichts können, die nichts glauben, die nur das Glas in der Vitrine sehen, ohne es zu zertrümmern. Was soll es mich kümmern, wenn diese Kümmerlinge, mit dem Hals in der Schlinge, keine Pfifferlinge finden? Sollen sich die Bären eine Fliege aufbinden!

Sollen sie sich schinden, sollen sie sich freuen, sollen sie doch glauben, dass ihre verehrten Psycho-Schrauben, ohne Daumen sind!

Dass sie keinerlei Bodenhaftung zeigen! Lasst und eine Minute für sie schweigen, für die Dummen, für die Kleinen, für die Großen für die Seinen,

für die da oben und für uns da unten. Was haben wir uns geschunden? Was haben wir uns angetan? wir waren dabei ganz vorne an! Wir haben sie mitgezeichnet, mit den

Kamelen des Scheichs. Von den Tieren getreten. Niemand war betreten! Keiner hatte Zeit, Zeit für unser Leid. Für das Tragen der Sorgen von heute auf morgen.

Man meint, wenn sie nicht getragen sind, dann leben sie nicht heute. Falsch gedacht mutlose Meute. Die Sorgen haben sich vergraben und vergingen sich an unserer Unterwelt, die uns allen gefällt, die wir leugnen, weil wir Lügner sind. Voller Dreck in unserem Kanal, voller Streusel im Streuer, voller Banalitäten in den Varietäten.

Voller Leere in der Fülle, voller Nonne in der Tonne, voller Schoko in der Soße. Müssen wir das alles fühlen? Müssen wir den Müll durchwühlen? Müssen wir das alles sein?

Voller Mut und voller Schreien. Voller Glanz und voller Hass, voll von all dem, dass uns keiner glaubt, von diesem miesem Möchtergerngekacke, diesem holden Abgewracke, diesem unerhörten Sein, dass

nicht will und auch nicht kann, weil es
noch nicht geboren ist, wie man es, noch
nicht vermisst. Weil es so verschroben
ist. Von unten bis oben abgedisst, ver-
lacht und vermalt, in der Sonne verlaufen,
und ob ich schon wanderte im finsteren
Tal, fürchte ich mein Unglück, ohne Zahl,
ohne wann und ohne aber, ohne ein lieber
ohne Fremdgelaber. Ohne Zeit und ohne
diese endlosen Schleifen der Vernunft,
die keine ist, auch wenn sie es gerne
wäre. Wie ein Schwabe der gern Bade wär,
unschaffbar kehrwochenbeendend schwer.
Teer, schwarzer und weißer, verlaufen
bitter im Sand der Gefühle.
Pfeffermühle der Stühle unseres Seins,
mahlend mahlend ahlend hlend lend end e.

Bettlaken

Jedes Gefühl Darling
ist es noch so klein,
ist ein Bettlaken-Geist
mit rotem Fleck aus Wein

Der Fleck ist nicht,
wie man meinen mag
eine Wunde aus Blut,
sondern ein zerschelltes Weinglas
aus flüssiger Wut.
Doch kein Unterschied:
Statt Wein ein Messer?
Der Fleck wird damit auch nicht besser,
er lässt sich nicht waschen

Wie viel Geister haben wir
durch unsere gefühlten Gedanken
erschaffen?
Diese Bettlaken-Gespenster
geistern
durch unsere Kinderzimmerherzen

während wir unter der Bettdecke
harren aus Angst
unser Atem steht still,
denn wir wollen nicht stolpern
uns nicht verraten
Unsere Stirn und unsere Wangen werden
glühend heiß
wie im Fieberwahn
als Mutter mit kühlen
Waschlappen kam,
uns mit Liebe zu trösten

So sehnen wir uns nach kühler
Kinderzimmerluft
nur Mut
Raus
aus dem Bett
die Laken lüften
Dann entlarven wir
die Geister
als Laken
aus Stoff
überm Stuhl

am Fenster
im mondlichtleuchten
unseres
Kinderzimmerherzens

Bilder siegen über mich

Vorurteile drücken mich.
Bin anders, will anders,
kann anders,
aber hier nicht
alle wissen doch schon, wie ich bin,
nur ich hab keine Ahnung

Sie sind gewohnt,
dass ich nicht bin,
wie sie mich gerne hätten,
und wie ich doch auch gerne wäre,
weil ich sie so liebe.

Immer sagen sie,

Immer tust du das oder

Tust das nicht

Immer sagen sie.

Und übersehen

die Versuche:

anders will ich sein.

Bin anders und

kann anders

Niemand sieht die Möglichkeiten.

Es siegen Bilder über mich,

Ich bin jetzt so,

wie sie mich sehen.

Nur manchmal noch,

zieh ich zurück

in eine Besenkammer

und flüstere

dir leise zu:

Hier bei den Besen,

ganz allein

Da

bist Du

noch du

Die Weltenente

Quack Quick Quaggididack,

quekedideck Quick Quack

Quick Quack Quaggididack,

Quekedideck: Quack Quack!

Die Weltenente geht herum,

Quack quack Quackididack,

Sie fragt: warum, warum nur, warum?

Quekedideck: Quack Quack!

Warum bin ich nur auf der Welt?

Quack quack Quackididack,

Auf der nur Quirlequacke zählt?

Quekedideck: Quack Quack!

Weltenente bis Weltenende
Quack quack Quackididack
Butterweiche Federhände
Queckedideck: Quack Quack

Einen Schnabel hab ich krumm,
Quack quack Quackididack
Seitenscheitel, Haare drum
Queckedideck: Quack Quack!

Watschle um die Welt herum
Quack quack Quackididack,
Ohne Sinn, sei es halt drum,
Queckidideck: Quack Quack!

Watschle in die Ewigkeit
Quack quack Quackididack
Stoisch endlos tiefe Müdigkeit
Queckidideck: Quack Quack!

Heul doch

Ich seh dich nie weinen! Doch! Ich weine.
Ich weine nachts, wenn ich im Bett zu lie-
gen scheine. Wenn ich mir sicher bin, dass
meine Tränen tränen dürfen. Keiner, der
sie an die Leine nimmt. Alles echt und
unverfälscht. Das Gesicht verschmiert und
der Mund mit Rotz verziert. Ich weine dann
die echten Tränen. Die keinen Zweck er-
füllen. Die niemand zwingt oder gar ver-
drängt. Es sind meine Tränen. Ich er-
schaffe sie und sie weinen nur für mich.
Wer außer mir hätte sie verdient?

Ich will sie sehen! Ich will sehen woher
sie kommen! Von wo genau! Ich will sehen
was da weint! Und ich will sehen wie es
weint! Und ich will sehen wohin es weint!
Ich will sehen wohin die Tränen fließen
und wo sie liegen bleiben! Und ich will
sie anfassen. Jede einzelne. Und ich will
sie schmecken und will sie probieren! Ich
habe noch keine Tränen probiert, außer die

Meinen. Wonach schmecken Tränen? Nach Ozean? Nach Urlaub? Nach Sonne? Nach Seife? Wonach schmecken deine Tränen?

Das verrückte Labyrinth

Durch mein Leben ziehen

unsichtbare Mauern

Straßenzüge

durch die ich nicht gehen kann

Orte, die für mich verboten sind

Diese Mauern

sind nicht gebaut

sondern gelernt

Experten sagen

klassisch

und

operant

konditioniert

so fest

als wären sie

physisch ausbetoniert

Was sind Mauern anderes

als Kontrolle?

Der Nachbar der nicht will,

dass man in seinen

Garten kommt,

baut

eine Mauer

Der Staat,

der keine Bürger gehen lassen will,

baut

eine Mauer

Der Staat,

der keine neuen Bürger will,

baut

eine Mauer

Der Mensch,

der die Kontrolle über seine Gefühle

nicht verlieren will

baut eine Mauer

Wer ist der Herr

im eigenen Haus?

Ich baue Mauern,

um mich zu schützen

vor den Gefühlen

der Wertlosigkeit
und Minderwertigkeit
vor der Schuld
vor der Angst
vor der Traurigkeit

und weil diese Gefühle
schmerzhaft sind
baue ich Mauern
hier draußen
in der echten Welt

Ich baue die Mauern um Orte,
Gedanken,
Worte
und um lebende Menschen,
die mich
an diese alten Gefühle
erinnern wollen,

oder auch nur könnten,
sei es auch noch so
unwahrscheinlich

dass sie es täten

die Ihnen innenwohnende

Möglichkeit

reicht vollkommen aus

den ersten Stein zu legen

Mein Leben ist das

verrückte Labyrinth

in dem sich Mauern

wie von Geisterhand verschieben

Kurze Wege

werden schrecklich lang

und so wandele ich

auf abgetretenen Pfaden

gepflastert mit

Einsamkeit

beleuchtet nur

von Laternen

gleichgültiger Gewohnheitsmäßigkeit

sinnleerer Gefühllosigkeit

gekrönt durch Sahnehauben

existentieller Langeweile

Alles schon gesehen
immer wieder verirrt
das verrückte Labyrinth,
bei dem die Geisterhand,
die gegen mich spielt,
immer gewinnt

Meine Mauern sind nicht aus Luft
denn sonst könnte ich sie
einatmen
Sie sind auch nicht aus Stahl
sonst könntest du sie sehen
Sie sind aus Eis,
Kristallklarer
gefrorener Schatz
immer vor Augen

Ich habe begonnen
dieses Spiel
zu spielen

Ich hab sie alle eingesperrt!
Der Preis ist,
selbst darin gefangen zu sein
süchtig danach
endlich zu gewinnen
Sehnsüchtig nach
den Schätzen, die ich
unter meinen Mauern begrub
Und ob ich schon wagte
mich den Mauern
zu nähern,
fürchte ich alles Unglück,
denn ihre Kälte
lässt mich
fürchterlich zittern

Die Mauern sind
gefrorene Vergangenheit
Aneinandergereihte Tiefkühltruhen
voller gefühlsportionierter
Fertiggerichte
Gefühle auf Eis gelegt
Konserviert für bessere Zeiten

Flüsterpost

Wir spielen Flüsterpost

Flüstern gibt dem Menschen Trost

Flüsterpost wird schnell zur Lüsterpost

Spüre deinen warmen Atem

Kitzelt heiß an meinem Ohr

spüre wie ich innerlich schmor

Wogen brechen auf

Aus den Eingeweiden

sprühen sie hinauf

verwandeln meinen Atem

bis er

zu kochen beginnt

und verdampft

bevor mein Mund

endgültig verstummt

Knoten

Ich war zu oft wütend,
hab zu wenig geweint -
und jetzt steh ich da,
mit Knoten im Herzen,
schau zurück auf Vergangene Zeiten,
und auf die komplexen Seiten
meiner Gefühle

Jetzt steh ich da,
würde die Knoten am liebsten entknoten,
spreche mit Ihnen: Ihr gehört verboten!
Geht weg, ich will euch nicht hier!
Sie hören natürlich nicht auf mich,
ich werde zum Wüterich:
Haut ab!

Wut sind Armfesseln,
die fest an meinen Knoten ziehen
und sie an mein Herzchen binden.
Herz und Knoten sind fast eins,
Alle zugleich schreien es an:

Du bist meins!
Ist das Herz nur noch Tumor
oder sticht irgendwo noch etwas
Herz hervor?

Was mir sagt, dass da noch
Herzgewebe ist?
Wären da immer nur Knoten gewesen,
so gäbe es keinen Schmerz,
Die Knoten binden das stockende Herz,
das an trockener Tinte
zu ersticken droht

Es ist soweit
Kann nicht mehr wütend sein,
nicht mal mehr auf Knoten
an meinem Herzelein
Ich beginne neu zu sprechen:
Ihr seid jetzt da und gehört zu mir
Und als ich so spreche -
mein Herz schnappt plötzlich Sauerstoff
- ersticke ich schier

Aufgehört zu kämpfen
zu rütteln und zu ziehen.
Bilde ich mir das ein -
Die Knoten scheinen leichter zu sein?

Und eine Träne rollt
den Wangenhügel hinab,
weil Knoten
ungeweinte Tränen sind,
die am Herzen hängen,
sich verstecken,
aus lauter Angst
nach draußen zu dringen
und dort in sandigen Hautporen
für immer zu versickern.
Aus Angst vor diesem
intimen Moment
ihres eigenen Vergehens,
missbraucht zu werden
als Schwäche gesehen.
Aus Angst,
dass auf sie
kein Taschentuch wartet,

das sie tröstend

in die Arme nimmt.

Knoten aus Angst,

die sich mit Wut verteidigen

sind Frösche,

die wünschen geküsst zu sein

Ich mache bekannt

und bekenne mich:

Prinz Wut in mir,

Prinzessin Tränenangst

Willkommen in meinem Schloss

Der kleine Prinz

Ich wünsche mir ein
kleines Fleckchen Ruhe
vom brausenden tobenden Sturm

Ich spüre, es gibt mehr,
etwas das mal war.
Schwerelose Freiheit,
die an nichts mehr hängt.
Nur dadurch kann man Freiheit schenken,
indem man sich frei denkt!

Der Fels, an dem das Wasser
vorbeischwimmt
in der Nacht
Und Wellen sich anschmiegen
als wären sie
nur für den Fels gemacht.

Sie können ihm nichts Haben,
streicheln ihn nur sacht,
Den Fels kann niemand zwingen,
denn er ist aus Stein gedacht.

Feste steht er
Vergisst die Zeit
Der Einsiedler des Meeres
Schweigt
von der Welt befreit
Kann sich nicht rühren
Und ist trotzdem frei
in Ewigkeit

Samen, die vom Himmel fallen
Vogelschiss und nicht gesät
Können dort nicht wachsen
Dem Fluch der Bibel wegen
wird zum Segen
verdorren sie bereits

Kein Gefühl kann haften

Nichts kontaminiert den Fels

Losgelöst von Trauer,

Angst, Wut und Freude,

kommt, was kommen will

In allem was da ist
In allem was da war
sehe ich mich nicht
sehe ich nicht klar

Vergangenheit aus Schlamm
aufgewühlter See
Wasser aus Gefühlen
eingetrübter Tee

Wo bist du?
Vergangenes Ich
Zeige dich mir
Hab keine Angst
denn ich
bin gütig mit dir!

Will dich nicht urteilen
Will dich nur sehen
Will dich nicht hassen
Will nur verstehen

Steige ins Wasser
Tauche zum Grund
Schlürfe die Tasse
Bittere Bracke
umspült
Zähne, Zunge, Mund

Am Grund des Sees
entdecke ich traurig
nur noch mehr Schlamm
Und ob ich schon wühlte
im finsteren See
fand ich nur Vergessen
Fäden aus Tränen
benetzen den Grund
Volle Backen

Taucherflasche aus Mund
zieren nun Dellen und Macken
Sauerstoff ist um

Letzte Blasen schweben nach oben
Schnell die Kette zum Himmel
droht zu entreißen
Jetzt heißt es paddeln
oder im Anblick der Leere
sterben, verzweifeln

Ich wende mich ab
vom hypnotisierenden Grund
paddle nach oben
unter mir ruft mich
friedliche Ruhe
sabbernder Schlund

Es ist schwer
sich ihm zu entsagen
weiß er doch alles

und wenn er schweigt
will er's nicht sagen

Wenige Meter
bis nach oben ans Licht
Augen schwimmen
in Buchstabensuppe aus
Bewssutlosikgeit
Hände greifen ins Leere
Wer zieht mich aus
der wässrigen Schwere
Losigkeit?
Schluck nach Luft
doch
Schluck das Wasser
Treibe an Land
Ergreife die Hand
zieht mich an
den Uferrand
Krabble
Spucke und pruste
hechle und huste
Der See hinter mir

gefriert und verspricht

für immer

für mich

verschlossen zu sein

Erblicke

das Gesicht meines Retters

und sehe mich selbst

Sehe mein schwarzes Haar

strahlende Augen

wie hübsch ich war

Schlafe ein

breche den düsteren Fluch

Schlafe und Träume

vom Leben danach

Und als ich erwache

Ist der Tee in der Tasse

kalt

Schütte den Rest ins Klo

kann den Teesatz nicht lesen

und verfahre mit ihm

ebenso

Die weiße Wand

Knusta-Knatter-Knolle knutsch Kalinka auf
die Schnauze. Schnucki Putzi Puffeluff –
Kakteen unter der Wüsten Sonne.
Sägende Wale singen sagenhafte Gesänge;
die Länge der Gänge ist wie das Lachen des
Teufels. Schaufeln schufen das Schwafeln
der Schwalben. Ich sehe Kühe kalben. Und
da: Schwalben. Keine halben Sachen. Dra-
chen steigen. Menschen leiden. Drohnen
surren. Katzen schnurren. Schnüre ziehen
an den Drachen. Ich will keinen Ärger ma-
chen. Will nur sehen. Will verstehen. Will
gefallen sind die Krieger auf dem Feld.
Neu gemacht ist nun die Welt. Helden sind
gewesen. Spesen auf dem Tresen. Und du.
Bist? Mist wächst auf dem Gras. Bier kommt
aus dem Fass. Wuff, wuff. Murmel dich ein!
Ich will heut dein Liebhaber sein. Nein.
Du musst verzeihen. Ich lass dich heute
nicht herein. Es tickert und tackert. Es
sickert und wabert. Es klatscht und tritt

im klatschnassen Schritt. Und egal wie viel ich bitt. Wir sind hier zu dritt. Wir haben uns multipliziert. Die Menschen gehören ausradiert. Radierer sind zu klein. Es riecht gemahlen bleistfitfein. Wir singen das eine Lied vom wütenden Schmied, dessen Frau fröhlich verschied. Betriebe sind die Diebe der Natur. Waren sie schon zur Kur? Ich trink Orangesaft wirklich nur pur! Ich kann deine Spuren lesen, sagt die Katze zu den Drachen, sagt die Katze zu den Besen. Doch die Besen wollen nur kehren. Während Drachen Ruß und Schmutz verehren. Und ein Mensch die Straße teert. Hab mich an Gedanken und Gefühlen genährt zischelt die Olle Knusta-Knatter-Knolle. Knick nicht in das Kringeldung. Sonst wird deine Zunge dumm. Bienen Summen sind aus Zahlen. Ich gewinne keine Wahlen, wachse gut bei Sonnenstrahlen. Qualen sind die Quallen des Alltags. Hundekuchen suchen sich Strand. Und ich steh an der weißen Wand. Hinter hier da rieselt der Sand.

Doch niemals komm ich an den Strand. Es gibt nur sie: Die weiße Wand.

Weichspüler

Möge alle Härte aus mir weichen,
und mich dagegen Liebe zeichnen.
Mögen Tränen aus mir sprudeln
sodass ich nicht mehr durstig bin
Mögen Sorgen sich verwandeln
in fast vergessenes einst Erdachtes

Möge alles Tote von mir fallen
wie Krümel von einem Keks
Bleibt nur noch ab zu hoffen
dass das was innen bleibt
Seele und Knochen weiter trägt.

Pinocchio

Ich bin nicht echt,
doch wollte es immer sein
Pinnocchio, hölzerner Junge,
nie ein Mensch - und immer allein.

Man hat mich nicht gefragt
ob ich geschnitzt werden wollte
und oft habe ich ins Feuer gestarrt
und hätte mich
am liebsten darin verbrannt.

Gepetto hat dich aus Liebe gemacht!
und aus Schuld
hab ich mich nicht
ins Feuer gelegt.

Auf meiner Brust sitzt Druck
voller Verzweiflung frage ich mich:
Liegt es daran,
dass ich aus Holz bin,

dass ich nicht atmen kann?

Ich war doch schon immer
aus Holz geschnitzt?
Wer hat diese Sehnsucht
in meine Arme geritzt?

Ich selbst war's,
mit dem Messer von Vater:

Sehnsucht
Nach etwas mehr Luft,
nach Atem,
statt
Photosynthese
warmen Blut
statt
klebrigem Harzgewebe.
Das sich jedes Mal zeigt,
wenn ich zum Messer greife.

Etwas mehr Herzkranz
statt Nasengeäst!

mehr Karies,
statt Dreck am Stecken

Ich gehe zu Bett
und wache nach der Nacht wieder auf
als Junge aus Fleisch und Blut.

Einen Tag zeige ich mich
so voller Pracht in der ganzen Stadt:
Und wie die Leute staunen.

Noch am selben Abend
stürze ich mich
dann in die Glut,
und beweise so allen,
die mich beschmerzscherzten:
Auch echte Jungen
brennen ziemlich gut!

Druck ist nicht kein Menschen zu sein,

sondern niemals als harzendes Holz

Menschen ebenbürtig zu sein.

Kannst Du mir das Fremdsein verzeihen?

Auf meinem Grab steht

in feuerroten Lettern:

JEDE Seele wird zu Asche,

wenn Funken auf ihr schwelen.

JEDE Nase wird lang,

wenn man sie im Feuer

flackernd

verbrennen

sehen

kann

Auferstehung

Die Schmerzen,

in meinem schwindenden Herzen,

sind wie Lava spuckende Kerzen,

die mich von innen begehren,

als wollten sie sich in mir vermehren,

als wollten sie in mir Kinder gebären.

Beim Teutates!

Bei allen Göttern und Hexen,

Zauberern und Feen!

Tut das weh! Wie nackte Haut

blau gefroren

verirrt im Schnee.

Zu wem soll ich beten,

Zu wem soll ich schreien?

Zu Gott? Zu Jesus? Allah? Allen dreien?

Nur eine Frage ist mein Gott:

Wer kann mich befreien?

Ich hab keine Wahl!
- Glaube das nicht! -
Die Wahl verlässt dich in der Qual!
Das Denken wird dünn und eingeengt,
Die Wahl von Schmerzen eingeschränkt.

Wie ein Schaf
vergessen auf einer Weide
Denken im Quadrat
Ein Zaun aus vier Ecken
lässt mich hier –
unter abgefressenen Gedanken
verrecken.
und ob ich schon

Sei nicht traurig!
Kannst doch noch fühlen.
Beliebt es dir zu Scherzen?
Ja, ich fühle noch,
doch nichts als Schmerzen.
Wenn du den tiefsten Schmerz
schon in dir trägst,

kann kein tieferer ihn betäuben.
Der Komparativ wird vom Superlativ
am immersten begraben.
Es gibt dann nur Scherben
und zerbrochene Krüge,
einst gefüllt mit flüssigem Glück
und ob ich schon –
versickert in Sandkasten-Särgen
aus Erde.

Und du kniest vor diesem Dreck,
Und du fühlst dich wie Dreck,
versuchst die Scherben und Krüge
mit klebrigen Tränen
neu zu kitten

Ein Loch ist im Eimer,
lieber Heinrich, lieber Heinrich
Ein Loch ist im Eimer,
lieber Heinrich – Ein Loch!
Verstopf es, liebe Lise,
liebe Lise, liebe Lise,
Verstopf es, liebe Lise,

liebe Lise - mach's dicht!
Womit denn, lieber Heinrich,
lieber Heinrich, lieber Heinrich
Womit denn, lieber Heinrich,
lieber Heinrich, womit?
Mit Stroh, liebe Lise,
liebe Lise, liebe Lise
Mit Stroh, liebe Lise,
liebe Lise - mit Stroh!

Versuchst zu retten was zu retten ist,
und schreist
und schöpfst
nach der flüssigen Erde,
mit deinen schmutzigen Händen
Du Ferkel!
Schöpfst nach dem Schlamm,

verzweifelt versuchst du
Dreck und versickertes Glück
wieder voneinander zu trennen

verzweifelst versuchst du

all das ungeschehen zu machen
Ach, selbst wenn es dir gelänge,
blieb der Krug doch zerbrochen

und du weinst
und rufst nach Mutter:

Backe, backe Kuchen,
Der Bäcker hat gerufen.
Wer will guten Kuchen backen,
der muss haben sieben Sachen,
Eier und Schmalz,
Zucker und Salz,
Milch und Mehl,

Dreck! Du hast nicht mehr!
Und zu wenig Phantasie
in deinem Gedanken-Weidequadrat,
um mehr daraus zu machen.
Und du bist kein Kind mehr,
dass sich einfach neue Phantasie
erfinden könnte.

Kein Gefäß, um das Glück zu fassen,
Und keine Pumpe,
um das Glück aus der Erde zu ziehen.

Heulend sinkst du ein,
nackt, nur Dreck als Decke,
Zerflossene zum Zerflossenen,
Nichts zum Nichts
Erde zu Erde
Staub zu Staub
und ob ich schon –

Dreck zu Dreck
Ich zu Dreck
Dreck zu Erde
Eins
Mutter Erdes Schoß
hat mich wieder

Dreck zu Dreck
Ich zu Dreck
Dreck zu Erde

Erde zu Ton

Mit letzter Kraft
forme ich
aus Erde
eine Schüssel
mit ihr in den Händen
erschöpft
schlafe ich ein

Ein neuer Frühling
wird in die Heimat kommen,
schöner noch, wie's einmal war.
Ein neuer Frühling wird in die Heimat
kommen, alles wird so wunderbar.
Und man wird wieder das Lied der Arbeit
singen, grade so, wie's einmal war.
Es geht im Schritt und im Tritt auch das
Herz wieder mit und dann fängt ein neuer
Frühling an.

Ich erwache als Mensch aus Sand
und vor mir meine Schüssel
von der Sonne zu Stein gebrannt

Sternenseufzer

Ich träum von den Sternen
die dort oben
weit entfernt
Leuchten lernen
und seufzen:

Ach, warum
sind wir nur so weit weg
von den Menschen,
die uns lieben?

Ein schlauer Stern
flüstert leise zu:
Weil wir sie sonst verbrennen würden
Ganz nah sind wir doch heiße Sonnen
Erst in der Ferne,
werden wir geliebte Sterne

und alle würden uns gern drücken.

Nur mit ewiger Sehnsucht

wissen wir sie zu verzücken

Greif nach den Sternen

doch dabei

wirst du dich auch

verbrennen lernen

Gute Nacht!

Tränen

Zu zweit

sich in der

Unendlichkeit

des Meeres zu verlieren

die Augen gehen schwimmen

nackt

das Salz brennt und bringt uns zum Wei-
nen

Zu zweit

verlieren wir uns

in der Unendlichkeit

und fühlen uns allein.

Wir schwimmen in unserem

eigenen Tränensee

Und plötzlich passiert etwas

Plötzlich sind wir tränennass

Und kleben zusammen

Wir sind zu zweit

in der Unendlichkeit

unserer eigenen Tränen